AF261615

ÉLOGE

DE

JACQUES REPLAT

ANNECY. — IMPRIMERIE DE LOUIS THÉSIO

ÉLOGE

DE

JACQUES REPLAT

LU A LA SOCIÉTÉ FLORIMONTANE D'ANNECY

LE 15 DÉCEMBRE 1866

PAR

JULES PHILIPPE

ANNECY

JULES PHILIPPE, LIBRAIRE ÉDITEUR

Et chez tous les libraires de la Savoie.

1867

Messieurs,

Ce n'est pas sans une émotion profonde que je prends
la parole pour vous entretenir d'un homme que la mort
a trop hâtivement ravi, il y a quelques semaines, à
notre affection. Il est difficile de sécher les larmes que
la tombe d'un ami, fraîchement recouverte, fait couler
de nos yeux; l'amitié vraie, le dévouement sincère ne
guérissent jamais des blessures que leur fait une sé-
paration éternelle, et la mémoire d'un citoyen vertueux
ne se perd pas avec lui sous la première pelletée de
terre jetée par le fossoyeur!

Jacques Replat, que nous avons accompagné au champ
du repos le 29 octobre dernier, était votre collègue et
votre ami à tous; mais pour moi, qu'il me soit permis
de le rappeler, il était plus encore : uni à lui par des
liens étroits de famille, j'ai eu lieu bien des fois, dans le

cours de ma vie, de ressentir les effets de sa bonté et de son désintéressement. Vous me pardonnerez donc, Messieurs, si en vous lisant ces pages ma voix faiblit sous l'influence de souvenirs ineffaçables ; cette émotion n'aura rien que de très compréhensible ; je dirai plus, je serais indigne de parler de l'homme que nous pleurons, si je n'avais cette religion du cœur qu'il possédait lui-même à un si haut degré et qui forme un des priviléges les plus précieux de l'humanité.

Je vais donc essayer d'esquisser à grands traits la vie si noblement remplie de Jacques Replat ; j'aurai à le considérer successivement dans les différentes manifestations de son talent multiple, comme jurisconsulte, orateur, poète et écrivain, sans oublier l'homme aux qualités éminentes du cœur.

I

Jacques Replat, né à Chambéry le 14 décembre 1807, vint, tout jeune encore, demeurer à Annecy. Après

avoir fait ses premières études au collége de cette dernière ville, il se rendit à Turin pour y suivre son cours
de droit et, le 11 mai 1827, il fut reçu docteur : il
n'avait pas vingt ans !

Des études aussi rapides étaient la marque évidente
qu'un avenir des plus brillants était réservé au jeune
avocat. En effet, Jacques Replat, inscrit au barreau
d'Annecy le 5 septembre 1830, acquit bientôt de
la réputation dans toute l'ancienne Savoie, réputation qui n'a fait que grandir jusqu'au moment où il
a ressenti les premières atteintes de la maladie qui
nous l'a enlevé. En 1838 il avait publié un *Manuel du
jurisconsulte savoisien* qui déjà avait témoigné de sa
science profonde en jurisprudence.

Le sénat de Savoie, ce corps judiciaire célèbre à si
juste titre, tous les tribunaux savoyards ont entendu
et admiré Jacques Replat dont l'éloquence rappelait les
beaux jours des grandes joûtes oratoires. Une perspi-
cacité exceptionnelle, une animation de bon ton, de
l'esprit partout et toujours, telles étaient les qualités
principales qui le distinguaient dans ses plaidoyers.
Si peut-être il n'usait pas d'une argumentation très
serrée, si ses raisonnements et ses déductions ne se
présentaient pas en rang compact et impénétrable de-

vant son adversaire, du moins remplaçait-il ce moyen par une dissertation élevée, brillante, sur les textes de la loi dont il faisait ressortir avec habileté l'esprit qui pouvait être le plus favorable à sa cause. La discussion la plus aride n'avait rien chez lui qui fatiguât ses auditeurs ; il semblait s'être approprié cette règle de Cicéron : *Genus igitur dicendi est eligendum, quod maxime teneat eos, qui audiant, et quod non solum delectet, sed etiam sine satietate delectet.*

A plusieurs reprises il eut à soutenir des causes auxquelles les questions politiques n'étaient pas étrangères. Là encore et surtout il brilla par une mâle éloquence qui jaillissait de son esprit essentiellement libéral et conciliateur. Chacun de nous se souvient de ces admirables paroles qui terminent son plaidoyer dans la cause dite des *Drapeaux de Moûtiers* (1851), affaire regrettable à laquelle de jeunes élèves avaient été mêlés :

« Que la génération nouvelle soit formée, dans le
« studieux recueillement du collége, à ces mâles vertus
« qui font les citoyens ! Qu'on lui inspire surtout le
« respect des lois de son pays !

« Et nous, hommes d'un âge mûr, tâchons d'oublier
« ces haines de partis qui ne firent jamais le bien de

« la patrie : soyons avant tout de notre temps et de
« notre pays : ne soyons, c'est mon sentiment, ni
« bleus ni rouges ; mais soyons tricolores et tendons-
« nous la main sur le terrain de la Constitution ! »

Grands et nobles sentiments que ceux-là ! Et pourra-
t-on s'étonner que l'homme qu'ils animaient ait quitté
cette terre sans laisser derrière lui, je ne dirai pas un
ennemi, mais même un adversaire ?

Les talents, le patriotisme, le caractère honnête et
loyal de Jacques Replat devaient nécessairement le
désigner aux suffrages du peuple et au choix du gouvernement pour participer à tous les travaux d'intérêt
général. Dès 1848 il siégea dans les Conseils de la ville
et de la province d'Annecy et il fut pendant quelque
temps proviseur des études. Il rendit d'éminents ser-
vices dans ces différentes fonctions ; animé d'un grand
courage civil, il ne reculait devant aucun obstacle pour
obtenir le triomphe d'une cause ou d'une idée qui lui
paraissait juste. Il put ainsi, n'ayant jamais dévié de la
ligne droite, mériter l'approbation de ses concitoyens et
s'attirer l'estime du gouvernement. Le 6 février 1857
Victor-Emmanuel II le créa *motu proprio* chevalier de
l'ordre des Saints Maurice et Lazare.

Bien qu'il ne fût pas un homme politique dans l'en-

tière acception du mot, Jacques Replat se mêla acti-
vement, en 1859 et 1860, au mouvement qui amena
l'annexion de la Savoie à la France. Nommé député au
parlement sarde dans la prévision de cet événement,
il soutint au sein du corps législatif de Turin, avec une
grande fermeté, la cause qu'il avait sincèrement em-
brassée, et lorsque la votation du traité d'annexion fut
assurée, il revint en Savoie où son activité ne se ralen-
tit pas jusqu'à l'occupation complète de nos provinces
par la France.

Dans le moment où se discutait cette question im-
portante, quelques hommes politiques ne se montraient
pas éloignés de consentir à un démembrement de la
Savoie dont je n'ai à discuter ni les motifs ni l'utilité.
A cette idée, le patriotisme de Jacques Replat se ré-
volta ouvertement; il ne pouvait entrer dans l'esprit
de cet homme honnête, qui aimait par-dessus tout son
pays, qu'on pût songer un instant à couper ainsi en
deux la vieille patrie savoyarde, et plutôt que de consentir à une pareille mutilation, il préférait refouler au
fond de son cœur ses aspirations françaises.

« Si la Savoie, s'écria-t-il alors indigné, devait être
« brisée, coupée en deux, jetée en lambeaux à ses
« voisins ; si l'on pouvait outrager à ce point les glo-

« rieuses traditions de notre histoire et nous vendre
« en détail comme les têtes d'un troupeau, tous ceux
« de nos concitoyens qui aspirent vers la France, tous
« ceux dont l'âme conserve une étincelle de patriotique
« fierté devraient oublier leurs sympathies, étouffer
« leurs vœux, et se rallier à une idée qui, en mainte-
« nant l'unité de la Savoie et ses liens actuels avec
« l'Italie, donnerait encore à la France une satisfaction
« légitime (1). »

Cette idée à laquelle il aurait voulu qu'on se ralliât
plutôt que de consentir au partage de la Savoie, était
celle de neutraliser notre territoire en l'isolant de toutes
les puissances voisines ; moyen peu acceptable, il faut le
dire, et dont il reconnut plus tard lui-même les incon-
vénients, mais qu'il proposa à la mûre délibération de
ses compatriotes, emporté qu'il était par sa fierté ré-
voltée. Je n'affirmerais pas que peut-être aussi, dans
ces circonstances, son imagination poétique n'ait vu,
comme dans un mirage lointain, la reconstitution
de l'antique Allobrogie : rêve qui pouvait avoir ses
riantes couleurs, mais que devait faire évanouir la première objection.

(1) *Une solution de la question savoisienne*; brochure, Annecy, 1860.

Au reste, l'appréhension de voir la Savoie mutilée
ne fut pas de longue durée, et Jacques Replat put, sans
nouvelle crainte, consacrer son talent et son influence
à l'œuvre de l'annexion. En 1860, il se joignit aux délé-
gués savoisiens qui se rendirent à Paris pour traiter
de cette question avec le gouvernement ; il reçut à
cette occasion la croix de la Légion d'honneur. Puis,
après son retour à Annecy, les événements ayant satisfait ses aspirations, il abdiqua presque toute participa-
tion à la chose publique, et s'occupa exclusivement de
ses travaux de jurisconsulte et de ses études littéraires.

II

Ici je me sens plus à l'aise pour vous parler de notre
regretté collègue, en premier lieu parce que, au point
de vue littéraire, il nous appartient tout entier, et ensuite parce que c'est sur le terrain des lettres qu'il a le

plus essayé ses forces intellectuelles, et qu'en consé-
quence nous pouvons le juger complétement, sans res-
triction, comme aussi sans crainte de blesser une opinion contraire.

Homme à l'imagination vive, facile à s'enthousiasmer,
au cœur généreux que les illusions honnêtes n'ont jamais
abandonné du berceau à la tombe, Jacques Replat dut
nécessairement céder, à son entrée dans la vie réelle,
au sentiment poétique qui embrase de prime abord tout
esprit pour lequel les majestueuses grandeurs de la nature sont autant de révélations sublimes, tout esprit
que la Providence a si heureusement doué qu'il ne sai-
sit le plus souvent dans les accidents de la vie que le
côté coloré des douces lueurs de la joie et du bonheur.

Jacques Replat fut donc poète avant tout. Mais chez
lui la poésie ne se manifesta pas simplement sous cet aspect léger qui la caractérise généralement ; sa muse, parfois court vêtue, c'est vrai, mais chaste et suffisamment
couverte pour ne pas effaroucher même les yeux d'une
jeune fille, ne courait pas affolée dans nos vallées et sur
les cimes de nos Alpes ; elle obéissait aussi à un sentiment plus profond, plus sérieux : en promenant ses
doigts de rose sur la primevère, sa fleur favorite, tout
en faisant retentir de ses accents doux et langoureux

les échos de nos monts, elle avait pour compagne inséparable la Patrie, une déesse aussi celle-là, au pied de laquelle on ne se prosterne plus guère de notre temps, mais qui aura toujours pour fidèles adorateurs les hommes dont l'amour de l'or n'a pas encore desséché le cœur, et qui reprendra sa place dans l'Olympe le jour où la société aura vu disparaître cette soif désordonnée de jouissances matérielles qui la dévore.

La poésie pour Jacques Replat ne devait pas être un simple jeu de l'esprit; chanter en vers pour le pur plaisir de chanter n'était pas l'idéal qu'il s'était formé de la mission du poète: il voulut que le sentiment patriotique occupât la première place dans les accords de sa lyre, afin de mieux faire partager à tous l'amour qu'il portait à son pays.

De cette disposition de son esprit naquit un petit poème dont la légende historique forma la base principale. *Duingt, Menthon et Montrotier* (1) marqua la première étape de Jacques Replat dans la vie littéraire.

Vous rappellerai-je, messieurs, la chronique du château de Montrotier qui créa dans l'imagination de notre

(1) Paris et Genève, Ab. Cherbuliez: 1835.

poète le drame qu'il nous raconte? Le souvenir de ce chevalier qui, fuyant le maître des gorges du Fier, franchit à cheval l'horrible précipice et frappe de sa dague le pauvre page qui s'était accroché à la queue de son destrier, suffit à Jacques Replat pour construire tout un drame émouvant; la rivalité de nos maisons seigneuriales les plus puissantes lui donne lieu de peindre avec une fidélité remarquable les mœurs de nos anciens barons; les souvenirs historiques, les légendes viennent s'encadrer dans le récit avec tant d'à-propos que l'esprit du lecteur, tout en prenant plaisir à s'y arrêter, ne perd pas un instant le fil principal du récit et partage ainsi sans effort, sans transition brusque, son attention entre l'action principale et les récits accessoires qui l'accompagnent. Cette manière simple et presque naïve de composer un drame ne serait peut-être plus de mode aujourd'hui, car nos maîtres ont changé tout cela; il nous faut actuellement des actions impossibles où tout est feu et sang; que dis-je du sang? du sang ce n'est pas assez, c'est de la torture à froid que nous réclamons, tout ce que l'imagination la plus désordonnée peut inventer de plus extraordinaire.

Ce n'est plus de l'art, mais bien de la folie!

Et c'est précisément pour ce motif que je me plais à

reposer mon esprit sur les œuvres charmantes de l'ancienne école, au sein de laquelle Jacques Replat avait
puisé son inspiration et qui nous a valu *Duingt, Menthon et Montrotier*.

Si l'on passe sur quelques taches légères, sur cer-
taines négligences de style peu apparentes du reste, que
peut-on trouver de plus attrayant que ce récit où le
poète, jeune alors (1) avait versé tout ce que son cœur
contenait de doux sentiments et d'illusions? On le
suit avec ardeur partout où l'entraîne son imagination
riche de son printemps; ses chants vous bercent dou-
cement, et vous partagez avec lui l'émotion qu'il dut
ressentir en ouvrant pour la première fois son cœur
au souffle de la poésie, afin d'en laisser s'échapper tous
ses rêves d'amour et de patriotisme qu'il brûlait de
faire partager aux âmes dignes de le comprendre. Re-
lisez surtout le IIIᵉ chant, qu'il a intitulé *Le Lac*, peut-
être en souvenir d'Elvire :

> L'automne avait jeté sa guirlande nouvelle
> Sur les coteaux : aimant toujours, toujours fidèle,
> Isaure était venue au château des Menthon.....

et vous direz s'il n'y a pas dans ces strophes comme

---

(1) *Duingt, Menthon et Montrotier*, parut en 1835; J. Replat avait 28 ans.

une émanation de la douceur, de l'harmonie divine du grand poète des *Inspirations* et des *Méditations*.

La fille des Menthon, cédant à l'appel du jeune sire de Duingt, descend dans la nacelle qui l'attend :

> ..... Le moment du retour fait oublier l'absence :
> Soupirs inachevés, mots que le cœur commence
> Et qui, dans un baiser, vous perdez confondus!
> Pur langage de l'âme, extase du silence!...
> Ensemble vous passiez dans leurs cœurs éperdus!
> Puis se courbant autour de la taille d'Isaure,
> Qui refuse à demi, cède et refuse encore,
> Le bras du troubadour l'entraîne doucement
> Vers son bateau léger, plus léger que le vent!...
>   Lors la naïve jouvencelle,
>   Pleurant d'amour et de pudeur,
>   Sous la voile de la nacelle
> Vainement à Loïs veut cacher sa rougeur!...
> L'heureux couple bien loin s'éloigne de la rive.
> Lac chéri, berce-les sur ta vague plaintive!...
> Vent, qui souffle des monts, donne-leur un soupir!
> L'air a plus de parfum, le flot plus d'harmonie;
> L'écho va répétant : « Toujours! toute la vie! »
> Et la voile toujours, toujours s'enfle au zéphir...

On demanderait peut-être dans quelques-uns de ces vers une plus grande richesse de rimes; mais, par contre, est-il possible de leur refuser une vraie inspiration poétique, un sentiment d'une délicatesse extrême? Et voyez comme le poète sait cacher habilement, sous des phrases à demi-transparentes, les préoccupations de

2

son âme jeune encore et tout entière livrée aux premières émotions : peut-on rendre l'idée finale, celle qui résume le chant, avec plus de finesse qu'il ne l'a fait dans ces deux derniers vers :

> Sur la poupe gisait une blanche ceinture,
> Avec les débris d'une fleur !

Avouons-le en passant, messieurs, la poésie, tant décriée de nos jours, a un précieux privilége pour qui sait la soumettre à sa règle : c'est celui de pouvoir dire bien des choses sans troubler la quiétude du cœur le plus chaste; le style élevé dont elle est la mère la défend contre tout reproche et l'abrite sous un voile qui, selon le besoin, cache ou laisse apercevoir les pensées les plus secrètes qu'elle recèle.

Jacques Replat excellait, ainsi que vous venez de le voir, dans cet art difficile, et j'en pourrais citer un exemple plus frappant encore dans le IVe chant du poème. Mais là ne se bornent pas les ressources de son talent : *Le Prélude* de *Duingt, Menthon et Montrotier* brille aussi par un style d'une grande énergie :

> L impitoyable temps des tours seigneuriales
> A courbé sur le sol les faîtes orgueilleux...
> Mais il a reculé devant l'ombre des preux ;
> Sa faulx n'a pas atteint les cimes féodales
> Où, veuve d'augustes rivales,

La tour de Montrotier se dresse vers les cieux...
Comme sur un champ de carnage,
Au milieu des drapeaux et des chars renversés,
Encor debout, un blanc panache
Flotte sur les casques brisés!

Soit qu'il raconte l'histoire de la fée de Duingt, de la fée si bien inspirée qui bâtit ce château et ce riant jardin

Que de longs saules verts une chaîne captive...
Comme l'anneau léger qui retient sur la rive
La barque du pêcheur de Duingt;

soit qu'il traduise l'imprécation du sire de Montrotier contre l'amant de sa fille qu'une vieille haine de famille rend encore plus odieux à ses yeux, Jacques Replat se montre toujours avec les mêmes qualités; il se plie avec facilité à toutes les exigences des situations et du caractère de ses personnages; si son imagination aime à s'égarer dans les sentiers fleuris *où l'amour folâtre sur une nappe de roses,* elle sait aussi prendre les rudes chemins et s'exalter devant les actions généreuses et les mâles vertus. N'est-ce point là qu'on reconnaît la marque d'un vrai talent?

Mais je m'arrête, Messieurs, dans cette courte appréciation de la première œuvre littéraire de notre regretté collègue. Permettez-moi, cependant, de vous rappeler que le petit poème de *Duingt, Menthon et Montrotier* est suivi de quelques bluettes charmantes parmi lesquelles les plus remarquables sont *Le petit Savoyard*, digne pendant de celui d'Alexandre Guiraud, *La Marguerite, A ma sœur* et *La nouvelle année*. Ce furent les premiers et les derniers essais poétiques de Jacques Replat, auxquels on pourrait ajouter quelques poésies publiées dans l'*Allobroge* de Grenoble, une pièce de vers adressée à M. de Juge, un autre poète de mérite (1), et une romance que nous possédons dans notre bibliothèque et qui ne porte pas de date (2). Pourquoi s'est-il arrêté tout-à-coup dans une voie si brillante? Pourquoi?... Demandez pourquoi l'oiseau qui chante interrompt tout-à-coup sa mélodie lorsque vous auriez tant de plaisir à l'entendre encore; demandez pourquoi la fleur s'arrête parfois de s'épanouir quand elle pourrait réjouir nos yeux pendant quelques heures de plus : il y a des choses ici-bas que l'on constate, mais qu'il est inutile de chercher à expliquer.

Jacques Replat délaissa la poésie sans jamais faire connaître le motif de cet abandon regrettable, à moins

(1) Cette pièce a été publiée dans la *Revue savoisienne*, numéro de novembre 1866.

(2) *Le premier rendez-vous*, paroles de Jacques Replat, musique de Louis Abel.

que vous ne considériez comme une explication suffisamment claire celte réponse qu'il avait coutume de
faire chaque fois qu'on l'engageait à rééditer son œuvre :
« Hélas! c'est un péché de jeunesse ! » disait-il. A de
pareils péchés la miséricorde est facilement acquise, et
il serait à désirer que nous en eussions beaucoup à lui
pardonner de cette sorte.

III

Après avoir renoncé à la poésie, Jacques Replat s'a-
donna plus complètement à l'étude de l'histoire de notre pays. Dans ce vaste domaine son esprit, prompt à
saisir le côté poétique des événements et habile à coor-
donner les faits pour en présenter la physionomie géné-
rale, se montra sous un nouveau jour. Pas assez patient
pour fouiller minutieusement les vieilles archives et
pour déchiffrer les vieux titres, Jacques Replat ne fit pas

de la science proprement dite ; il ne fut point un cher-
cheur dans toute l'acception du mot, mais il glana un
peu partout, rassembla des notes et composa avec ces
matériaux des études historiques qui ont cet avantage
de pouvoir être lues par tout le monde et de faire pénétrer dans la masse des notions générales sur notre histoire.

Et, disons-le tout de suite, nul plus que lui ne possédait les qualités nécessaires pour faire revêtir à nos
annales cette forme attrayante qui rappelle parfois à
s'y méprendre la manière de Walter-Scott.

L'Esquisse du comté de Savoie au XI*ᵉ siècle*, publié en
1836 (1), et *le Sanglier de la forét de Lonnes*, qui parut
en 1840 (2), furent les premiers fruits des nouvelles
études de notre écrivain national. Ces deux ouvrages
historiques renferment, sous la forme romantique, l'a-
nalyse habilement faite des différentes phases par lesquelles ont passé nos contrées du XIᵉ au XIVᵉ siècle :
histoire, mœurs, coutumes, légendes, en un mot tout ce
qui constitue les véritables annales d'un peuple trouve
sa place dans ces pages empreintes du plus grand en-

(1) Paris, Edouard Leyraud et Jules Bergounioux ; Annecy, Prévost,
1836.
(2) Annecy, F. Saillet, 1840.

thousiasme patriotique. Jacques Replat se complaît dans
la description du passé ; il a au suprême degré le culte
du souvenir ; non point qu'il regrette un état de choses
souvent barbare auquel, du reste, il ne ménage pas le
blâme, mais il est de ceux qui pensent avec raison que
tout le passé n'est pas à rejeter dans l'oubli ; s'il renie
la tyrannie du moyen-âge, il veut cependant payer un
juste tribut d'hommage à la franche gaîté de nos pères,
à leur caractère chevaleresque. Il ne prend dans les vieux
siècles, pour le chanter, que le côté essentiellement
poétique qui présente un contraste si frappant avec
notre âge tout entier si sec, si compassé, si matériel.

Aussi n'est-ce pas dans l'action proprement dite des
deux romans dont je viens de citer les titres, qu'il faut
chercher les qualités de l'écrivain ; choisissez dans l'un
et l'autre de ces ouvrages les peintures de mœurs, les récits légendaires ou historiques, et vous direz si votre imagination ne s'est pas reportée avec joie vers ces jours déjà
bien éloignés dont notre poète écrit l'histoire avec tant
d'habileté et de poésie ; vous direz si votre guide a eu tort
d'évoquer tous ces anciens souvenirs qui vous font jeter
un regard en arrière. Oui, on peut, sans méconnaître la
justesse des principes modernes, prendre plaisir à cer-
taines manifestations du passé, et l'on doit condamner

également le flétrisseur absolu, systématique de la tradition et l'insensé qui brise un monument ou brûle un parchemin sous prétexte qu'ils rappellent un régime politique abhorré.

En même temps que le *Sanglier de la forêt de Lonpes*, et dans le même volume, Jacques Replat publia trois petites notices sur la *Ville d'Aime*, la *Maison Favre* et la *Maison de Rousseau*, trois essais historiques, mêlés de descriptions charmantes, qui rappellent le souvenir des fiers Ceutrons et nous transportent ensuite aux temps plus rapprochés de notre époque, où le château de Preméry abritait la famille de l'illustre président du conseil du Genevois, et où l'ami de Mme de Warens allait cueillir la primevère sur les bords de notre lac.

Si ces trois notices, qui n'occupent que quelques pages, n'ont pas un mérite intrinsèque exceptionnel, elles ont du moins pour nous, qui suivons notre poète pas à pas dans la route qu'il a parcourue, une réelle importance; car elles semblent indiquer, dans la vie littéraire de Jacques Replat, un nouveau changement, ou plutôt elles marquent un temps d'arrêt dans le travail de son imagination qui, encore un peu indécise, cherchait une voie dont elle ne pourrait plus s'écarter. Il est bien peu d'écrivains sérieux qui n'aient pas subi l'influence de cette indécision que l'on doit envisager, après tout, comme le signe d'un esprit solide dont le principal souci, dans ce moment critique, est de ne pas s'abandonner d'une manière inconsidérée au premier élan, et de puiser, dans le sentiment de la dignité de soi-même, la force nécessaire pour se recueillir afin de délibérer sûrement au sujet de l'avenir.

Jacques Replat, en faisant suivre ses romans historiques de ses études sur la ville d'Aime, le manoir des Favre et la maison de Rousseau, a laissé voir involontairement que ce travail s'opéra chez lui à ce moment de sa vie, et c'est peut-être là qu'est le secret que nous cherchions il y a un instant. Bien qu'il eût débuté avec bonheur par la poésie, celle-ci ne répondit pas sans doute à tous ses désirs; il embrassa alors le roman historique; puis mécontent, nous devons le croire, de ce nouveau genre, il sonda un autre terrain, et par une pente douce arriva, sans perdre de vue son but patriotique, au genre purement descriptif qui devait être son véritable élément, parce qu'il l'affranchissait de toute entrave, lui donnait l'occasion de fouler de son pied montagnard les cimes des Alpes pour se pénétrer de leurs beautés et le laissait aussi s'engager dans les vertes vallées; là, tout en recueillant les antiques lé-

gendes, en reconstruisant les ruines féodales, il pouvait écarter légèrement les branches des bois touffus
et soulever les tapis de mousse pour y surprendre la
poésie célébrant ses mystères loin des regards pro-
fanes.

Mais, ainsi que je l'ai dit, Jacques Replat ne subit pas
instantanément cette transformation. Après la publication du *Sanglier de la forêt de Lonnes* et des nouveaux
essais qui le suivaient, il s'arrêta d'écrire pour le pu-
blic pendant près de dix ans. Durant ce laps de temps,
il courut les montagnes, cherchant des jouissances intellectuelles au milieu des richesses de la nature. Vous
vous souvenez tous, messieurs, de ses élans d'enthousiasme au retour de ses courses lointaines. Que de fois
vous l'avez entendu raconter ses joies et son admiration
excitées par le spectacle imposant des glaciers, par l'un
de ces panoramas que l'on ne rencontre que dans les
pays de montagnes où les vallées, formant un vaste la-
byrinthe, vont au loin se perdant les unes dans les
autres, et où les cimes succédant aux cimes forment
comme une mer immense dont les vagues gigantesques
auraient été fixées dans leurs contours hardis par la
volonté suprême !

Ce fut dans ces courses artistiques que Jacques Replat

conçut le projet d'écrire son savant travail sur le *Passage d'Annibal* (1). En se livrant à cette étude, il se sentit surtout attiré par le désir de peindre, de son brillant pinceau, les grands paysages des Alpes ; il avait bien décidément quitté le camp des historiens fantaisistes pour s'enrôler sous le drapeau de la vérité. Sa voie nouvelle était enfin trouvée. Aussi, il faut voir avec quel entrain, avec quelle verve il interroge et fait parler cette riche nature ; il écrit de l'histoire, c'est vrai, mais au milieu de ses raisonnements, à côté de chacune de ses interprétations apparaissent de ravissantes descriptions qui reposent l'esprit et encouragent les plus rebelles à ce genre d'études à suivre jusqu'au bout ce guide habile avec lequel ils oublient l'aridité de la route qu'il leur fait parcourir de compagnie avec de graves auteurs classiques. Et, en effet, qu'y a-t-il de plus propre à réjouir l'esprit que d'étudier l'histoire, quelque peu sèche de son essence, au milieu des splendeurs de la création ? L'histoire, si on la considère sous son aspect général, a tout à gagner dans ce rapprochement ; ayant pour mission d'enregistrer les faits et gestes de l'humanité, elle prend, lorsqu'elle est livrée à elle-même, la

(1) Publié en 1851.

couleur sombre qui couvre les annales humaines ; mais si celui qui écrit sous sa dictée encadre ses récits au milieu des témoins muets des événements qu'elle raconte, elle puise dans ce voisinage un attrait irrésistible, en empruntant aux choses de la nature cette teinte de poésie qui cache sous un voile prudent le mauvais côté de l'esprit des hommes.

Je n'entrerai pas dans le détail de l'opinion émise par Jacques Replat au sujet de cette question tant discutée du passage d'Annibal dans les Alpes ; qu'il me suffise de vous rappeler que son travail a été traduit dans presque toutes les langues de l'Europe, ce qui indique son importance au point de vue historique comme au point de vue littéraire. Un archéologue distingué du département de l'Ain, un de nos membres correspondants, M. l'abbé Martin, m'écrivait il y a quelques jours, à ce sujet, ces lignes que je vous demande la permission de vous citer :

« J'ai lu un très grand nombre d'ouvrages sur cette question tant controversée. Aucun ne m'a satisfait comme celui de notre regretté collègue de la Société Florimontane. Vous dirai-je qu'après l'avoir lu, je pris le bâton de pèlerin et voulus vérifier par moi-même la trace d'Annibal ? Pour être vrai, il faut dire qu'il y a dans la note quelques appréciations et interprétations de texte inexactes, mais, selon moi, il ne faut pas chercher d'autre itinéraire que celui qu'il indique. — M. le général Dufour, de Genève, dans une lettre que j'ai sous les yeux, affirme qu'il croit la marche d'Annibal jusqu'à l'Arly et au col de la Seigne conforme au génie militaire du grand chef carthaginois. »

Je n'ai rien à ajouter à ces précieux témoignages, si ce n'est que Jacques Replat s'était aperçu lui-même de la plupart des inexactitudes auxquelles fait allusion M. l'abbé Martin, et qu'il les a corrigées quelques mois avant sa mort, dans la prévision d'une seconde édition de son travail.

La *Note sur le passage d'Annibal* ne fut pas le seul résultat de la nouvelle direction que donna Jacques Replat à ses études. Je viens de dire quelle était sa passion pour ces courses dans les montagnes où son esprit en pleine liberté, dégagé de toute idée matérielle, savourait à son aise le bonheur que font éprouver à l'âme poétique les scènes grandioses de la nature, et où, dominant le monde de toute la hauteur des pics qu'il escaladait, il se sentait transporté dans une autre vie, loin des mesquines préoccupations des hommes et à l'abri de leur humeur tracassière. Il avait conçu alors le

projet de traduire, en un travail d'ensemble, les impressions qu'il avait ressenties dans ses pérégrinations
alpestres. La Tarentaise surtout l'avait émerveillé et
c'est au milieu de ces hautes vallées, qu'il parcourut
à plusieurs reprises dans ses moments de loisir, qu'il
puisa ses plus belles inspirations. Malheureusement il
n'accomplit pas entièrement son dessein et nous n'a-
vons que deux fragments de cet ouvrage qu'il avait
laissé espérer. L'un, intitulé : *Esquisse d'un paysage
des grandes Alpes,* parut dans le Bulletin n° 4 de 1852
de la Société Florimontane, et l'autre, qu'il appela :
Etude sur la poésie des Alpes, fut inséré en 1856
dans le même recueil.

Le premier de ces essais explique le but qu'il se pro-
posait en entreprenant cette nouvelle tâche : il voulait
plus que jamais apporter son tribut à l'œuvre de la ré-
habilitation de son pays, de sa patrie bien-aimée « si
longtemps négligée des savants, ignorée des artistes et
que l'imagination peuplait de tous ses fantômes, de loups,
d'ours et de manants. » Après cela, il se borne à tra-
cer, et d'une main de maître, le portrait du Mont-
Pourri, de « ce colosse dont les pieds de granit, posés
sur la vallée de Tigne, se lavent dans l'écume de l'Isère
naissante. »

Ce n'était donc là qu'un très court fragment qu'il avait puisé dans ses notes, ou plutôt dans ses souvenirs, car, par une faculté exceptionnelle dont il était doué, il ne lui était point nécessaire de résumer par écrit ses impressions pour les conserver entières; son esprit ressentait si fortement les émotions qu'il éprouvait, qu'il en gardait toujours la mémoire sans altération aucune.

L'*Etude sur la poésie des Alpes* se lie d'une manière intime au fragment que je viens de citer. Mais ici ce n'est plus la description qui tient la première place, ainsi que le laisse deviner le titre. L'écrivain ne s'attache plus exclusivement à retracer les majestueuses beautés de ses montagnes; s'il dépeint l'enthousiasme que fait naître en son âme le spectacle éblouissant de ces grandeurs qui donnent le vertige, il descend aussi dans les vallées fleuries, séjour de la douce poésie. Vous avez été frappés, messieurs, de la délicatesse avec laquelle il fouille la nature alpestre pour y révéler aux inattentifs tout le charme poétique qu'elle renferme. De Saussure, tout en narrant ses voyages, avait, peut-être sans y prendre bien garde, déjà pénétré quelques-uns des secrets de cette nature; Töpffer, à l'esprit plus finement observateur, avait, suivant l'expression même de notre poète, soulevé avec bonheur quelques pans de cette draperie splendide dont l'alpe s'est enveloppée, mais il ne s'était guère éloigné de la Suisse, sa patrie. Jacques Replat, lui, découvre entièrement le tableau sans quitter sa chère Savoie. Il suit le cours des ruisseaux en poursuivant les esprits malins ou bienfaisants légués à nos générations par la mythologie celtique et qu'il surprend jusque dans les profondeurs des grands bois; il s'établit près de l'âtre des chaumières pour y entendre les récits merveilleux, tels que l'histoire de la Curtelle et de Guillaume Blanc, la légende de l'oratoire de Saint-Maxime ou de celui de Sainte-Barbe. Il erre aussi au milieu des prairies et il en rapporte des impressions poétiques que l'indifférence moderne aurait peine à laisser comprendre, j'en conviens, mais qui n'en sont pas moins le résultat d'une appréciation juste et saine de la nature. Que les blasés du jour, ceux dont l'âme s'est émoussée de bonne heure au contact des choses vulgaires, méditent les lignes que je leur transcris ci-après, et ils diront si, en les lisant, ils n'ont pas entrevu comme au milieu d'un rêve un monde tout nouveau pour eux :

« C'était dans une des solitudes voisines du mont Iseran, au pied des glaciers qui servent de piédestal à l'aiguille de

Saint-Esprit; j'étais éloigné de toute habitation; je n'entendais d'autres voix que celles qui chantent au désert; aucun être vivant, sauf des volées de queue-rousses, et l'ortolan des neiges (*Emberiza nivalis*) qui sautillait d'une pierre à l'autre sur des tertres formés par d'anciennes avalanches. J'avais marché longtemps ainsi, lorsque dans le fond le plus âpre et le plus obscur de la gorge, je rencontrai deux petits bergers, jeune garçon et jeune fille : leur troupeau de chèvres était suspendu aux roches voisines; les descendantes de la nourrice Amalthée broutaient aux rhododendrons. Dans un bissac suspendu à son cou, le petit gars portait la frugale nourriture pour la journée; sa blonde compagne avait orné son chapeau de feutre noir d'une grappe de sureau à grains rouges. Ils étaient assis l'un près de l'autre, la main dans la main, tous deux lisant dans le même livre des prières apparemment, ou la vie de quelque saint. Eh bien ! la vue de ces deux enfants, isolés ainsi dans une enceinte de glaces et de rochers gigantesques, venait de me révéler un des côtés de l'alpe littéraire : la poésie des contrastes. »

N'y a-t-il pas, en effet, dans ces quelques lignes toute une révélation ? La poésie des contrastes ! N'est-ce point là que réside en grande partie la cause de ce trouble involontaire qui agite si vivement l'esprit de l'homme au spectacle des émouvants caprices de la nature ?

L'*Etude sur la poésie des Alpes* restera, je crois être en droit de le dire, comme une des plus heureuses productions de Jacques Replat.

Dans la même année (1856) notre charmant écrivain fit paraître son *Ascension au Semnoz ;* et deux ans plus tard, son *Voyage au long cours sur le lac d'Annecy.* Tandis que le premier de ces ouvrages a pour but de faire connaître une des plus belles montagnes des environs d'Annecy, le second contient l'histoire et la description des villages pittoresques et des châteaux qui bordent notre lac. Tous deux sont écrits avec la verve d'un esprit toujours plein de vigueur et de jeunesse. On y remarque une trop forte tendance à l'*humour*, que l'on découvre parfois dans leurs aînés, mais qui apparaît à ce moment comme toute nouvelle tant elle est accentuée.

Quiconque ne se serait pas rendu un compte exact de l'esprit de Jacques Replat, faute de l'avoir beaucoup pratiqué, pourrait penser que la plume de l'auteur de l'*Ascension au Semnoz* et du *Voyage au long cours sur le lac d'Annecy*, s'est laissé entraîner inconsidérément et qu'elle a, le sachant, outrepassé son but. Il n'en est rien cependant. L'*humour*, dans les deux ouvrages que je viens de citer, est immodéré si l'on veut, mais l'écri-

vain n'a point cherché à le pousser si loin à cette seule
fin de *faire de l'esprit*. Jacques Replat qui, tout en cherchant à se rendre utile à son pays, écrivait aussi pour
le plaisir d'écrire, a trouvé sans la chercher une veine
de bonne humeur dont son imagination rieuse s'est
parfaitement accommodée, et une fois lancé sur cette
pente glissante, rien n'aurait pu l'arrêter. C'est en vain
que parfois il tente de laisser en chemin ce *follet* qui
l'obsède,

Mais l'esprit monte en croupe et galoppe avec lui

jusqu'à ce qu'il ferme le chapitre par un dernier éclat
de rire.

Heureux l'écrivain de qui l'on peut dire que trop
d'esprit le tourmente !

Dans les courts intervalles qui s'écoulèrent entre la publication des travaux dont je viens de parler, J. Replat fit
paraître quelques notes intéressantes dans les Bulletins
de notre Société, et entre autres une *Esquisse du vieux
Annecy* (1854), des *Rapports* sur différents ouvrages
historiques, une *Note sur Mme de Warens* dont il a fait
connaître trois lettres inédites (1855), une autre note
sur une lettre écrite par le président Favre à saint Fran-
çois de Sales (1855), enfin des fragments de la *Chro-*

nique du comte Rouge par Perrinet du Pin (1860) et
une traduction de l'*Hommage prêté à Amédée, comte de
Savoie, par la noblesse du Genevois*, le 24 *février* 1405
(1860).

Dans la plupart de ces dernières publications, l'écrivain spirituel se double du véritable peintre de mœurs;
je le répète, c'était toujours pour Jacques Replat une
jouissance bien grande que de pouvoir oublier les froi-
deurs de ce siècle en racontant la vie simple et patriar-
chale d'autrefois, cette vie où la joie pure, résultat
de la tranquillité du cœur, occupait la plus grande
place. En tête de chacune de ses œuvres, on pourrait
placer comme épigraphe ces lignes qui terminent son
Esquisse du vieux Annecy :

« Douces illusions ! beaux anges des premières années
de la vie ! vous m'avez inspiré ce retour vers les choses du
passé ! Si au bout de cette esquisse de notre ancienne ville,
on peut mettre à côté de mon nom : *Laudator temporis
acti,* je m'en console et vous en remercie, beaux anges des
jeunes années ! En écrivant ces lignes sous votre dictée, je
vous ai dû encore le bonheur du ressouvenir ! »

Ce fut aussi sous l'influence de ce sentiment du *ressouvenir* qu'il écrivit les *Amours de la Joson* (1862),
roman réel dont il puisa les scènes, vous le savez, dans

un manuscrit écrit de la main d'un des principaux ac-
teurs, et qui avait été trouvé scellé dans un mur.

L'intérêt qui s'attachait à ce récit riche de couleur
locale, les circonstances auxquelles était due la con-
servation du manuscrit, tout dans ce nouveau sujet
d'études contribuait à exciter la verve de notre spirituel écrivain. Aussi, avec quelle ardeur il se met à
l'œuvre ! avec quelle joie il parcourt les feuillets du
précieux volume pour en extraire tous les traits de
mœurs véritablement caractéristiques ! Mais, dans ce
travail, qui pour tout autre n'aurait été qu'une œuvre
d'analyse, ce n'est pas lui qui se laisse absorber par
l'original : il emprunte au manuscrit les situations des
personnages, dont il n'altère ni le langage ni le caractère, il copie, en un mot, l'historien très véridique
des *Amours de la Joson,* et, cependant, il finit, sans y
prendre garde, par s'approprier si bien le récit, qu'il
faut nécessairement ne pas oublier sa déclaration de
n'avoir d'autre prétention que celle d'être un fidèle
copiste, pour ne pas croire qu'il est le seul narrateur
des singulières aventures de Mlle Joson. C'est là, il me
semble, le principal mérite, et il est grand, de cette
étude charmante faite pour plaire à toutes les classes de
lecteurs, bien qu'elle n'ait qu'un intérêt purement local.

Aussitôt après la publication des *Amours de la Joson,*
J. Replat, poussé par son activité fiévreuse, se remit à
l'œuvre et commença la composition de ses *Bois et Vallons* insérés d'abord, en 1864, dans la *Revue savoisienne,* et publiés ensuite en un volume in-8° par notre
Société.

Dans ce nouveau travail, destiné à faire connaître les
environs d'Annecy, Jacques Replat s'est montré, plus que
dans tous les précédents, écrivain de talent et conteur
agréable. Jamais il n'apporta plus de soin dans la pré-
paration de ses matériaux ; jamais il ne coordonna avec
plus d'attention les souvenirs que lui avaient laissés ses
courses nombreuses dans les vallées voisines ! Il semble
que par un de ces phénomènes qui se produisent parfois
dans la nature humaine, il ait senti que travaillant à sa
dernière œuvre il devait y utiliser toutes les forces de
son intelligence et y déployer toutes les qualités de son
cœur. Je ne crois pas qu'il soit possible de trouver un
ouvrage qui reflète plus complètement l'esprit, les ten-
dances et les qualités morales de son auteur.

Pour bien faire, je devrais, messieurs, vous présenter une analyse détaillée de ce livre dont le succès a
démontré toute la valeur ; il me faudrait suivre Jacques
Replat dans ses pérégrinations, vous le montrer à la re-

cherche de sites ignorés, rêvant au bruit des cascades, et, toujours fidèle à son culte des ressouvenirs, secouant la poussière sous laquelle dorment les archives des antiques manoirs afin d'en tirer des faits glorieux pour son pays, ranimant par le récit des joies ou des douleurs passées chaque coin de sa terre aimée qu'il a arrosé d'une larme de bonheur ou de regret. Mais pour accomplir cette tâche je devrais être lui-même, il faudrait que j'eusse son cœur, son esprit et sa plume, et je ne me sens que la force de lui payer un dernier tribut de reconnaissance pour le bien qu'il a fait à notre patrie et pour les jouissances intellectuelles qu'il nous a procurées !

Bois et Vallons furent, en même temps que la meilleure expression de son talent, son dernier cri de patriotisme, son dernier acte d'amour envers la vieille terre de l'honneur et de la loyauté dont il a glorifié le nom !

IV

Je m'arrête forcément ici, messieurs, dans la courte
analyse des travaux de notre regretté collègue. Je n'ai
plus qu'à rappeler en peu de mots comment il apparut
aux yeux de ses contemporains comme un homme réu-
nissant au plus haut degré les qualités du cœur.

Pour nous, formés à une époque qui n'a guère de
ressemblance avec celle dans laquelle nous vivons aujourd'hui, Jacques Replat restera toujours comme un
type de vérité morale. Il se trouva mêlé, dans le cours de
son existence, à bien des événements dont l'importance
était grande relativement à la sphère dans laquelle ils
se produisaient ; ainsi que tous les membres de la famille humaine, il a eu ses triomphes et ses déboires ; il
a subi, en un mot, toutes les épreuves de la vie, toutes
ces rudes épreuves qui souvent ont ébranlé les plus

forts : il a commencé par la plus terrible, celle de l'or-
phelinat! Eh bien, avez-vous jamais entendu une
plainte sortir de sa bouche? Recueilli et élevé par un
proche parent, âme d'élite aussi et esprit distingué, il
reporta sur ce cœur qui venait s'offrir à lui toute la
douce affection que la nature inspire à l'homme pour
celui qui lui a donné le jour; il retrouva un père là où
beaucoup ne savent découvrir qu'un être à peu près in-
différent ou affectueux par intérêt. Ces mots d'amour,
si doux à l'âme, que le sort lui avait interdit d'épeler
sur les lèvres d'une mère, il put encore les prononcer
sous la dictée d'une noble femme, digne compagne de
son protecteur. Tout cela lui fut d'un grand secours,
j'en conviens; mais sans sa nature essentiellement
bonne et honnête, de quel poids cela aurait-il été pour
lui dans la balance du bien et du mal? Car on ne peut
soutenir avec un grand philosophe du xviiie siècle que
l'homme naît toujours bon, et que la société seule le
détériore; comme si la société n'était pas formée de
l'assemblage de tous les hommes et comme si elle ne
tirait pas ses vices du sein même des membres qui la
composent!

Ainsi qu'il avait été enfant soumis et reconnaissant,
Jacques Replat montra dans son adolescence les mêmes

qualités auxquelles vint se joindre l'amour du travail et des nobles occupations de l'esprit. Tel nous l'avons vu dans ses œuvres, tel nous le retrouvons dans sa vie privée lorsque arrivé au milieu de sa carrière il eut à traverser les épreuves communes : âme tendre, cœur dévoué, caractère facile, humeur joyeuse, il avait tout pour rendre heureux ceux qui l'entouraient. Et laissez-moi vous dire un fait qui prouvera jusqu'à quel point il poussait l'amour de ses proches. Depuis deux ans il avait ressenti les premières atteintes de la maladie qui l'a emporté ; on pouvait craindre que sa nature nerveuse ne fût fortement frappée de la perspective d'une fin prochaine. Il n'en fut rien toutefois ; jamais au milieu de ses souffrances, qui furent longues si ce n'est cruelles, il ne laissa échapper une plainte, une parole de regret, de peur d'émouvoir ceux qu'il aimait. On ne peut pas dire cependant qu'il n'eût pas le pressentiment d'une catastrophe prochaine ; en tête d'un livre de notes qu'il commença le 1ᵉʳ janvier 1866, il traça ces mots : « *Je prie Dieu qu'il bénisse ma famille !* » N'est-ce pas là le résultat d'un secret avertissement ? Et lorsque, après avoir tranquillisé les siens en leur exprimant l'espoir qu'il avait d'être bientôt guéri du mal qui le minait, il dit à un jeune prêtre, l'ami de ses enfants : « *Je sens que je ne guérirai pas !* » peut-on douter qu'il n'ait voulu cacher jusqu'au dernier moment la vérité sur sa position aux préférés de son cœur afin de ne pas doubler leur peine ?

Ah ! c'est qu'il aimait sincèrement, cet homme honnête entre tous ! La vertu pour lui n'était pas un vain mot, elle était son guide inséparable en tout et partout.

Lorsque la vie eut abandonné l'enveloppe de cette âme d'élite, j'ai voulu revoir une dernière fois les restes de l'homme que la Savoie allait pleurer comme un de ses enfants les meilleurs ; j'entrai dans la chambre mortuaire et là, à travers les larmes qui obscurcissaient mes yeux, je pus reconnaître que la mort n'avait rien enlevé à l'expression de cette figure douce et sympathique ; la bonté y avait laissé des traces indélébiles et le sourire errait encore sur ses lèvres, hélas ! muettes pour toujours !

En me retirant, je me rappelai ces mots qui terminent l'éloge funèbre d'un grand de la terre, homme de bien, et qui semblent avoir été écrits pour Jacques Replat :

« J'aime cette simple et noble figure ; elle m'attire par je ne sais quel charme particulier, sans doute parce que j'y découvre les trois choses qui me séduisent le plus dans

une nature humaine : l'intelligence, la droiture, la bonté...
L'intelligence illuminait son doux visage; elle rayonnait
sur toute sa physionomie, et sa parole, quand les circonstances l'exigeaient, en faisait jaillir les éclairs; mais d'or-
dinaire il l'enveloppait de silence et la voilait de modestie.
Il ignora l'art moderne par excellence, l'art de se montrer·
Non-seulement il ne posait pas, il s'effaçait. Ses écrits seuls,
à ce point de vue, le révèleront tout entier (1). »

Et maintenant, Messieurs, que j'ai terminé ma tâche,
je vous laisse le soin de compléter dans votre esprit les
phases de la vie de cet homme que nous regretterons
longtemps, pour lui-même d'abord, et ensuite parce
qu'il laisse dans nos rangs un vide qui sera difficilement
comblé. Puisse son exemple servir aux jeunes générations, en jetant dans leurs âmes le feu sacré de la
science et des lettres, et rendre ainsi plus que jamais
fécond en esprits cultivés, en intelligences honnêtes, le
sol de la vieille Allobrogie!

FIN.

(1) Eloge funèbre du prince Czartoriski.

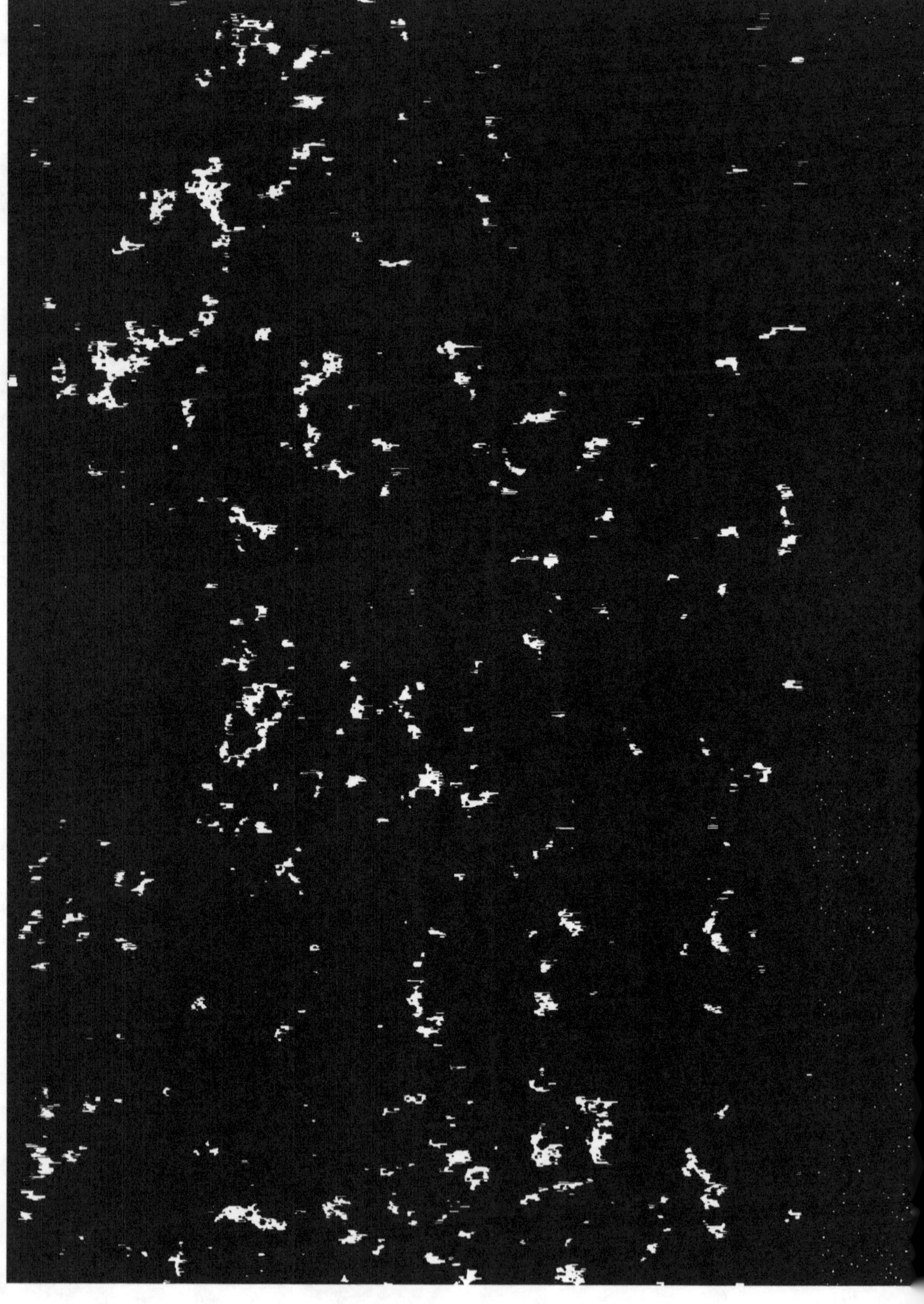